AF371034

Crime et Mystère,

MÉLO-DRAME MANQUÉ,

Mêlé de chants, d'accidens, d'interruptions,
d'assassinats et de supercheries.

Par M. Dumersan.

Représenté pour la première fois à Paris, sur le théâtre de la Gaîté
le 10 janvier 1836.

Paris,

MARCHANT, ÉDITEUR,

Boulevart Saint-Martin, 12.

—

1836.

<table>
<tr><td>Personnages.</td><td>Acteurs.</td></tr>
</table>

Sur le théâtre.

GERVAIS.	M. CAMIADE.
ARTHUR.	M. EUGÈNE.
DURESNEL.	M. ARMAND.
LE COMMISSAIRE.	M. PRADIER.
LE CHANGEUR.	M. LAISNÈ.
UN SERGENT-DE-VILLE.	M. PREVÔT.

Dans la sa e.

M. ROBLOT.	M. RAYMOND.
MAD. ROBLOT.	M. LHÉRIE.
ADOLPHE.	M. PÉCHENAT.
TITI, petit gamin.	Mlle LÉONTINE.
JOKO, marchand de tisanne.	M. LEBEL.

IMP. J.-R. MEVREL,
Passage du Caire, 54

CRIME ET MYSTÈRE,

mélo-drame manqué en un acte.

Un salon, porte au fond, deux portes à droite et à gauche, une table à gauche de l'acteur.

———

SCÈNE 1[*].

GERVAIS, *garçon de caisse, arrive avec un portefeuille attaché à sa boutonnière par une petite chaîne, il ôte sa casquette, la pose sur la table, essuye son front avec son mouchoir qu'il met dans sa casquette.* Voilà, j'espère, mes courses finies pour aujourd'hui. Que de mal chez un gros banquier comme M. Duresnel; mais aussi quel honnête homme! c'est ici le séjour de la probité, de la vertu. La richesse ne l'a pas gâté comme tant d'autres, chez lui pas de luxe insolent, pas de folles dépenses, mais l'infortune y trouve toujours des secours,

[*] Les six premières scènes doivent être jouées avec tout le sérieux et l'exagération du drame moderne, afin que le public soit dupe de la mystification, et que l'interruption fasse plus d'effet.

c'est rare dans ce siècle de calcul et d'é-
goïsme.

Je lui apporte cent mille francs en *bank-
notes*, contre lesquelles j'ai été changer de
l'argent, c'est plus commode pour voya-
ger; mais pourquoi donc ce voyage subit
en Angleterre, et l'ordre qu'il m'a donné
de dire qu'il était parti depuis hier. En
effet, tout le monde le croit absent, ex-
cepté moi, dans la chambre de qui il s'est
caché, et où il a passé la nuit. Allons lui
rendre compte de mes commissions...
comptons d'abord ces billets. (*Il les pose
sur la table, on entend du bruit dans la cou-
lisse, il écoute.*) Que se passe-t-il dans l'appartement voisin... c'est celui de madame,
il me semble que j'entends des gémisse-
mens... ils redoublent... (*On entend un
grand cri.*) Ciel! un cri épouvantable!..
des pas précipités!.. je suis glacé de
frayeur!.. On vient... ah! cachons-nous!
Il se jette à genoux derrière la table qui est cou-
verte d'un tapis.

SCÈNE II.

GERVAIS, *caché*, ARTHUR, *pâle, défait,
un poignard sanglant à la main.*

ARTHUR. Qu'ai-je fait! qu'ai-je fait!

qu'as-tu fait Arthur?.. ah! je frémis! infortunée Natalie! et ce poignard sanglant qui lui a percé le sein!

GERVAIS, *à part.* Il a assassiné ma maîtresse?

ARTHUR. Je n'ai commis qu'un crime, et celui que je n'ai pas commis, fera découvrir l'autre! fatalité!.. mais nul témoin ne peut déposer contre moi.

GERVAIS, *à part.* C'est le ciel qui a permis que je découvre ce mystère.

ARTHUR. Maintenant il faut fuir, mais au paravant déposons ce poignard dans un endroit qui éloigne de moi tous les soupçons.

GERVAIS, *à part.* Le scélérat!

ARTHUR, *il met son poignard dans la casquette de Gervais.*

GERVAIS, *se montrant.* Ah! c'est trop fort!

ARTHUR. Quelqu'un ici! malheureux! m'as-tu entendu?

GERVAIS. Oui: je sais tout, et je vais vous dénoncer.

ARTHUR. Toi? si tu dis un mot, tu es perdu.

Il lui présente un pistolet.

GERVAIS. Mais au nom du ciel, M. Arthur, quel est ce mystère? vous avez tué madame Duresnel.

ARTHUR. Moi? malheureux! de quoi m'accuses-tu? tuer une femme que j'adorais.

GERVAIS. Cependant elle est morte! ce poignard...

ARTHUR. A tranché ses jours, mais j'en suis innocent.

GERVAIS. Personne ne le croira.

ARTHUR. Aussi faut-il que je fuie, que je quitte la France! mais sans argent, comment faire! si Duresnel n'était pas absent, c'est lui qui a mes fonds, je les lui demanderais, je partirais avant que rien fût découvert.

GERVAIS. C'est le ciel qui a permis que vous ne puissiez pas échapper au châtiment que vous méritez.

ARTHUR. Gervais, tu me soupçonnes.. je suis plus malheureux que coupable.

GERVAIS. Quoi! vous nieriez?..

ARTHUR. L'apparence est contre moi, mais l'apparence est souvent trompeuse.

GERVAIS. Quelle effronterie!

ARTHUR. Le caissier de M. Duresnel, serait-il encore à son bureau?.. mais non :

il est trop tard! — que vois-je?.. ces billets !

GERVAIS. Monsieur, n'y touchez pas.

ARTHUR. Je m'en empare.

GERVAIS. Cent mille francs!

ARTHUR. Avec cela je pourrais m'embarquer.

GERVAIS. Mais, Monsieur!

ARTHUR. Crois-tu que je veuille les voler? aussitôt arrivé en Angleterre, j'écrirai à M. Duresnel que je les ai pris, je te justifierai; mais pour le moment, il me les faut...

GERVAIS. Ayez pitié de moi, je suis responsable.

ARTHUR. Si tu me refuses, je me brûle la cervelle, là, à tes pieds, et l'on t'accusera de m'avoir assassiné.

GERVAIS. Quelle horrible situation.

ARTHUR, *prend les billets.* Adieu, Gervais, adieu, pense quelquefois au malheureux Arthur, et plains-le.

Il lui serre la main et sort.

SCÈNE III.

GERVAIS, *seul.* Que je le plaigne! et je n'ai pas eu le courage de le faire arrêter! Il est peut-être encore temps. (*Il court à la fenêtre.*) Non : le voilà qui sort, il s'éloigne précipitamment, l'obscurité le favorise ; si je criais !.. mais avertir toute la maison, et dans un moment où mon maître !.. ah ! j'en deviendrai fou. Et cet Arthur, ce jeune homme si bon, si intéressant ! élevé dans cette maison comme le propre fils de M. Duresnel... commettre dans le même moment un assassinat et un vol. A qui se fier sur la terre !

<h2 style="text-align:center">SCÈNE IV.</h2>

GERVAIS, **DURESNEL**, *un flambeau à la main.*

GERVAIS. Dieu ! voilà mon maître, comment lui dire tout cela ?

DURESNEL, *mysétrieusement.* Personne ici que toi, je puis paraître... ferme cette porte que personne ne nous interrompe.

GERVAIS, *embarrassé.* Monsieur, si j'osais...

DURESNEL. Ferme cette porte, te dis-je.

GERVAIS. J'obéis.

DURESNEL. Tu es un vieux serviteur, ta probité, ton attachement me sont connus, j'ai un grand secret à te confier, mais avant tout, remets-moi les cent mille francs de billets que je t'ai envoyé chercher.

GERVAIS, *embarrassé*. Les cent mille francs.

DURESNEL. Oui, n'as-tu pas été chez mon changeur?

GERVAIS. Oui, Monsieur.

DURESNEL. Eh bien, où sont mes banck-notes.

GERVAIS. Je ne les ai pas.

DURESNEL. Qu'en-as tu fait?

GERVAIS. Si je vous le dis, vous ne me croirez pas.

DURESNEL. Gervais!

GERVAIS. Eh bien, Monsieur, puisqu'il faut vous l'avouer, on me les a dérobés.

DURESNEL, *furieux*. Imposteur! tu profites de ma situation, de ma cruelle position, dont sans doute tu as découvert le secret... et je me fiais à toi! et un vieillard dont les cheveux blancs attestaient encore hier la probité, ne craint pas de commettre aujourd'hui une action infâme, parce qu'il sait que je ne puis le dénoncer à la justice.

GERVAIS, *noblement*. Qui vous en empêche, Monsieur! dénoncez-moi, faites-moi condamner, j'aurai pour moi la voix de ma conscience.

DURESNEL, *ironiquement*. Ta conscience! misérable!.. tout le monde me croit parti pour l'Angleterre, depuis hier matin, j'ai fait mes adieux à tous mes amis, et tu veux que je te dénonce! non, il vaut mieux que je te tue! on ne me soupçonnera pas, puisque je puis invoquer l'alibi... mais te tuer ne me rendra pas mon argent, et il me le faut. (*Il le prend à la gorge.*)

GERVAIS: On entendra mes cris, on viendra à mon secours.

DURESNEL. Non, mes mesures étaient prises, des lettres, des commissions diverses, ont éloigné tout le monde de cette maison, nous y sommes seuls, maintenant.

GERVAIS, *stupéfait*. Seuls!.. oui seuls avec un cadavre.

DURESNEL. Que dis-tu! qu'ose-tu dire? tu sais que Natalie est morte?

GERVAIS. Et vous? comment le savez-vous?

DURESNEL. Tu demandes à l'assassin comment il sait la mort de sa victime?

GERVAIS. Dieu! se peut-il? vous auriez assassiné votre femme! ce n'est donc pas M. Arthur?

DURESNEL. Arthur! Arthur dis tu ! d'où te vient cette pensée?

GERVAIS. Quand je l'ai vu sortir de la chambre de madame, un poignard ensan-glanté à la main...

DURESNEL. Malédiction ! Arthur dans la chambre de ma femme !

GERVAIS. C'est lui, qui pour fuir s'est emparé de vos billets.

DURESNEL. Non , tu me trompes.

GERVAIS. Je le jure sur l'honneur.

On entend frapper trois coups à la porte exté-rieure.

DURESNEL. Quel est ce bruit ?

GERVAIS. On frappe à la grande porte.

DURESNEL. Garde-toi d'ouvrir.

GERVAIS. Mais le portier...

DURESNEL. N'ouvrira pas.

GERVAIS. Comment?

DURESNEL. Il dort maintenant dans sa loge.

On frappe à coups redoublés.

GERVAIS. Mais ce bruit?..

DURESNEL. Ne l'éveillera pas, il dort du sommeil de la mort.

GERVAIS. Est-ce encore vous! mais vous êtes donc le démon sous une figure humai-

ne. On saura du moins qu'il a été assassiné...

DURESNEL. Non, un réchaud de char-
bon posé près de son lit, fera croire qu'il
s'est asphyxié.

GERVAIS. Monstre ! je vais dire le con-
traire, et vous faire arrêter.

DURESNEL. Et tu crois que toutes mes
mesures n'étaient pas prises !.. une issue
secrète et connue de moi seul, saura me
soustraire à toutes les recherches !

*Il disparaît par une ouverture pratiquée dans un
panneau du salon.*

SCENE V.

GERVAIS, *seul.*

Grand Dieu !.. permettras-tu que je sois
victime de tant d'atroces machinations.

On entend un grand bruit au-dehors.

SCÈNE VI.

GERVAIS, UN COMMISSAIRE, UN CHANGEUR, Soldats.

GERVAIS, *froidement.* Que désirez-vous,
messieurs ?

LE CHANGEUR, *au Commissaire.* Le voilà

monsieur, voilà l'homme qui sort de chez moi. (*A Gervais.*) Me reconnaissez-vous ?

GERVAIS. Oui, vous êtes le changeur chez qui je viens de porter cent mille francs en or, pour avoir des billets anglais.

LE CHANGEUR. Vous voyez, monsieur, qu'il l'avoue...

GERVAIS, Sans doute... quel mal y a-t-il à cela ?

LE COMMISSAIRE, *aux soldats.* Vous allez conduire cet homme à la préfecture.

GERVAIS. Pour quoi cela ? Qu'ai-je fait de mal ?

LE COMMISSAIRE. Mais d'abord, remettez-moi les billets.

GERVAIS. Je ne les ai plus.

LE COMMISSAIRE. Je m'en doutais, il les a remis à ses complices.

GERVAIS. Qu'avez-vous à me demander? On m'a donné des billets ; mais n'ai-je pas donné de l'or ? .

LE COMMISSAIRE. Oui, des pièces d'or, mais de la fausse monaie.

GERVAIS. Est-il possible !.. Oh! comble d'horreurs !..

LE COMMISSAIRE. Cherchez partout, messieurs, il serait possible qu'on trouvât quelqu'indice...

LE CHANGEUR. Un poignard tout sanglant et un mouchoir dans une casquette.

LE COMMISSAIRE. Ce mouchoir et cette casquette sont-ils à vous?

GERVAIS. Je voudrais en vain le nier.

LE COMMISSAIRE. Qu'avez-vous fait avec ce poignard? quel crime avez-vous commis?

GERVAIS. Tout dépose contre moi, et je suis innocent.

LE COMMISSAIRE. C'est ce que nous verrons.

LE CHANGEUR, *effrayé, après avoir ouvert la porte de l'appartement.* Oh ! ciel! qu'ai-je vu! le cadavre d'une femme, baigné dans son sang !

LE COMMISSAIRE. C'est sans doute sa victime !

Ici l'acteur qui a joué Arthur vient parler tout bas à celui qui joue le commissaire; celui-ci a l'air étonné, il lui répond de même.

SCENE VII.

TITI, *à la deuxième galerie.* Plus haut... plus haut... on n'entend pas. *(regardant au paradis.)* Est-ce que t'entends, toi, Todore?..

L'acteur qui joue **LE COMMISSAIRE.** Pardon, messieurs, mais ce que vient de me dire mon camarade n'est point de son rôle...

TITI. Pourquoi qu'il dit autre chose que son rôle. Qu'il parle tout haut, ou je lui envoie un trognon, aussi vrai comme je m'appelle Titi.

L'ACTEUR. Messieurs, on vient de m'annoncer que l'actrice chargée du rôle de la sœur de Natalie, qui allait entrer en scène, vient de se trouver subitement indisposée.

TITI. Eh ben! je veux qu'euqu'chose en place ; qu'on nous donne le Chien de Montargis.

L'ACTEUR, *gaîment.* Le chien n'étant pas prévenu...

TITI. Ah! ton caniche!.. Encore fameux... On connaît ces couleurs-là. Mets-toi deux cotelettes dans les mollets, mon chien courra après toi, aussi bien que l'autre.

M. ROBLOT, *se levant à l'orchestre.* Pardon, monsieur l'acteur, je veux vous dire un mot en particulier... là, devant tout le monde... Si vous n'avez pas de chien disponible, que ne mettez-vous en place un

chat, avec une annonce, le public accep-
terait, peut-être ?

TITI. Tais-toi donc, respectable Be-
doin, ça ferait le chat de Montargis.
merci !..

M. ROBLOT, *se retournant.* J'ai dit un
chat comme j'aurais dit autre chose.

TITI. Ah ! le grand serin !

L'ACTEUR. Messieurs, vous concevez
notre embarras...

ROBLOT. Monsieur, (c'est moi de tout à
l'heure), il me vient une idée...

TITI. Ecoutez son idée, s'il en a une.

ROBLOT. Vous dites que votre actrice
est malade?..

L'ACTEUR. Oui, monsieur.

ROBLOT. Eh bien, j'ai trouvé un moyen
de la remplacer. Faites-en jouer une autre.

L'ACTEUR. Le moyen est ingénieux :
mais, monsieur, c'est impossible, car dans
le rôle de la sœur de Natalie, il y a plusieurs morceaux de musique qu'elle seule
pouvait chanter.

ROBLOT. Monsieur, il y a encore un
moyen, ce serait de passer les 'morceaux
de chant.

TITI Du tout! qu'est-ce qu'il dit lui, la
perruque là-bas. Y a sur l'affiche : drame

mêlé de chant. On sait lire ; j'ai payé pour du chant, il me faut du chant ! (*Criant.*) La Marseillaise.

ROBLOT. J'ai dit ça comme j'aurais dit autre chose. (*Un chapeau de femme tombe du balcon sur la tête de Roblot.*

ROBLOT. Qu'est-ce qui me tombe sur la tête et qui me casse le nez ? Un chapeau ! Mais je le reconnais, c'est celui de mon épouse. (*regardant au balcon.*) Vous ici, madame Roblot ?

MAD. ROBLOT. Mon mari !.. ô ciel !
Elle cache sa figure dans son mouchoir.

TITI. Son mari ! c'te reconnaissance ! reconnaissance au Mont-de-Piété.

ROBLOT. Que faites-vous là, madame Roblot, à côté de quelqu'un ?

ADOLPHE. *au balcon.* De quoi vous mêlez-vous, monsieur ; madame est à côté de moi, mais elle n'est pas avec moi : tous les jours on se trouve au spectacle à côté les uns des autres...

ROBLOT Cela vous plaît à dire, descendez, madame, ou je vais monter... vous êtes une...

ADOLPHE. Vous insultez votre épouse, monsieur, vous m'en rendrez raison.

ROBLOT. Comment !.. lorsque je suis...

mystifié... car enfin, messieurs, le suis-je ou ne le suis-je pas? C'est un oui ou un non que je demande... Le suis-je?

TITI. Oui, tu l'es...

ROBLOT. Madame, ça ne se passera pas ainsi. J'en appelle à la justice, au commissaire, à tout ce qui porte un cœur sensible!.. Je vais au bureau de police...

Il sort.

TITI. Laissez-le passer, laissez-le monter sur les banquettes. Je parie qu'il a des chaussons de lisière, de peur des glissades. Il aurait dû en donner à sa femme! Ah! c'te tête!

MAD. ROBLOT, *au balcon*. Combien je suis humiliée de cette scène inconvenante. Je dois vous paraître bien coupable; je suis sûre que vous devez avoir de moi une bien drôle d'idée. Eh bien! ce n'est pas ma faute, parole d'honneur; si vous saviez comme mon mari me rend malheureuse; c'est une espèce d'Abd-el-Kader... Moi qui suis née artiste!.. Eh bien! messieurs, croiriez-vous que mon mari veut que je reste claque-murée au fond d'une boutique de quincaillerie, entre une souricière et un soufflet; moi, je n'aime que la musique vocale ou instrumentale, ça m'est égal... Voilà M. Adolphe qui demeure près de chez nous, à l'entresol d'en face, et qui a la complaisance de venir chanter le soir, des nocturnes avec moi.

L'ACTEUR. Comment, madame, vous êtes musicienne?

MAD. ROBLOT. Qui ne le serait pas, avec une ame tendre, et des oreilles faites pour comprendre Robert-le-Diable, la Juive et l'Éclair...

L'ACTEUR. Eh bien, madame, vous pourriez nous rendre un grand service, et à l'instant même.

MAD. ROBLOT. Ah! moi, d'abord, je suis très obligeante.

ADOLPHE. Madame est très obligeante.

L'ACTEUR. Est-ce que vous auriez la bonté de remplacer la cantatrice qui nous manque?

MAD. ROBLOT Ah ciel! moi chanter sur un théâtre! je suis trop timide... en particulier, je ne dis pas... mais devant tout le monde, je n'oserai jamais...

ADOLPHE. Pourquoi donc, madame; quand on a votre talent. (*Au public.*) Messieurs, si madame voulait nous chanter quelque chose, consentiriez-vous à remettre à demain la suite du mélodrame?

TITI. Oui, oui, qu'elle chante! j'aime les chansons; mais je veux savoir la fin de la pièce.

L'ACTEUR. Venez, madame, venez, je vous prie. On va ouvrir la porte de communication ; je vais au-devant de vous.

MAD. ROBLOT. Je vais trembler comme une feuille.

ADOLPHE. Ces messieurs sont trop aimables pour ne pas vous encourager.

MAD. ROBLOT. Oui, encouragez-moi, messieurs.

TITI. N'ayez pas peur, petite mère, je vous applaudirai, et ferme... Dis donc, Guguste, si tu vois le marchand de tisanne envoie-le-moi...

SCÈNE VIII.

Le père **JOKO**, *aux deuxièmes galeries, vis-à-vis de Titi.* A la fraîche! qui veut boire?..

TITI. Ah! vous êtes là, père Joko! versez-moi dans ma casquette.

JOKO. Je n'ai pas le bras assez long.

TITI. Etes-vous comme moi, père Joko, je suis vexé comme un dindon de ne pas savoir la fin de la pièce.

JOKO. je la sais, moi, j'ai vu répéter la pièce, parce que je suis ami avec un machiniste.

TITI. Ah ben! contez-moi-la, père Joko.

LE PÈRE JOKO. Je le veux bien, avec la permission de la société. Pour lors... quand on a interrompu la pièce, nous en étions que le commissaire de Police allait arrêter l'honnête garçon de caisse. Faut vous dire que ce garçon est marié, et qu'il a huit garçons dont deux filles. La sœur de madame Athalie, celle qui est morte, arrive sur ce coup-là. Elle arrive... c'est celle qui n'est pas arrivée. Elle demande sa sœur, on lui dit qu'elle ne peut pas lui parler pour le quart-d'heure, vu qu'elle est assassinée ; ça la contrarie c'te femme. Sur ee coup-là, elle se trouve mal. Le mari, M. Dur-à-cuir, non, Durenel, celui qui s'est caché quand les gendarmes avaient arrivé, reparaît subitement, et il crie ma belle-sœur est morte!.. » Célestine! c'était » pour toi que j'avais assassiné mon épouse, » car je l'aimais c'te femme mais je ne pou— » vais pas la souffrir! je l'aurais vu noyée je » ne lui aurais pas porté un verre d'eau.» Et Puis il se démenait comme un possédé, de voir qu'il ne pourrait pas la posséder,

dans son idée... Pour lors il arrive un fac-
teur, mourant de faim et ayant décacheté
des lettres où il y avait des billets... Non je
me trompe, c'est à l'Ambigu, ça. — Ah!..
c'est Arthur qui a été arrêté qu'on ramène.
Le commissaire l'interroge, Arthur lui répond: De quoi? des navets! le commissaire
lui dit : Ne parlez pas politique. Pour lors,
il invoque le mari en duel. Mais il s'agit des
cent mille francs qu'il a floués, on veut
le fouiller, on trouve sur lui une berline,
comme quoi, ayant émigré, les billets sont
cousus dans la doublure... Non, je me
trompe encore. C'est à la porte St-Martin,
ça. On s'embrouille dans toutes ces infa-
mies de pièces-là. — Ah! voilà. — Pour
lors, le mari est mis en prison, et Arthur
épouse la fille du pair... du pair de France, et son neveu se tire un coup de pistolet... Non je me trompe encore, c'est ici,
dans la tache de sang.

TITI. Et alors, comment que ça finit
donc?

LE PÈRE JOKO. Ah! ça finit bien, mais
je n'ai pas vu répéter la dernière acte : si
tu veux revenir demain, le machiniste qui
est un de mes amis me le racontera et je
te le raconterai... En attendant viens me

payer un litre chez le marchand de vin, ça vaut mieux que ma tisanne.

Ils sortent.

SCÈNE IX.

L'ACTEUR, *amenant* **MAD. ROBLOT, ADOLPHE, LE CHANGEUR.**

L'ACTEUR, *au public*. Messieurs, voilà cette dame qui va se faire entendre.

MAD. ROBLOT. Vous me voyez toute tremblante, je suis si nerveuse... Monsieur Adolphe allez donc dans la salle pour me soutenir... et si vous rencontrez le commissaire de police, dites-lui de mettre mon mari au violon.

ADOLPHE. Trop heureux de remplir vos intentions.

Il sort.

L'ACTEUR. Madame, qu'allez-vous chanter ?

MAD. ROBLOT. Tout ce que vous voudrez, à la première vue.

Air : *De tous les pays pour vous plaire.*

De tous les chanteurs de la terre
Italiens, allemands, anglais,

J'imiterai la voix vive et légère;
Et pour enlever le succès
Je finirai par le français

L'ACTEUR, *prend plusieurs cahier de musique.* Voici un morceau italien !

MAD. ROBLOT, *avec l'accent italien.* I o spero che la platea avra benevolenza per la giovina prima dona.

L'ACTEUR. Certainement, Madame... je ne comprends pas.

Madame Roblot chante l'air de Rosine, dans le Barbier de Séville de Rossini , ou tout autre air italien à la convenance de l'acteur.

L'ACTEUR , *lui offrant une autre partition.* Voici un morceau allemand.

MAD. ROBLOT, *avec l'accent allemand.* Meinherr, ich bin zer dankber.

L'ACTEUR. Sans doute... je ne comprends pas.

Madame Roblot chante un air tyrolien ou allemand.

L'ACTEUR. Voici un morceau anglais.

MAD. ROBLOT , *avec l'accent anglais.* Gentleman, ai am moteh oblight.

L'ACTEUR. Sans contredit... je ne comprends pas.

MAD. ROBLOT , *chante l'air: Nos amours ont duré,* Hereraye hereraye, *ou tout autre*

*air anglais, comme celui du comédien d'E-
tampes.*

L'ACTEUR. Maintenant nous attendons
le morceau français.

MAD. ROBLOT.

Air : *de Boïeldieu.* (Ah! vous avez des droits
superbes.)

» Chantons maintenant la romance.
» En françait exprimons nos vœux,
» Je vais implorer l'indulgence...

SCÈNE X.

Les Mêmes, M. ROBLOT, Deux Sergens
de Ville, Le PÈRE JOKO, TITI, *arri-
vant sur le devant du théâtre.*

M, ROBLOT. Messieurs, faites votre de-
voir, voici l'épouse coupable.

MAD. ROBLOT. Moi coupable ? et de
quoi !

TITI. Ah de quoi ! venez donc père Coco,
faut voir.

MAD. ROBLOT. Accuser une femme
comme moi. Messieurs les sergens de ville,
daignez m'écouter : j'aime votre institu-
tion ; cet homme, ce tyran, ce despote
homme auquel mes parens m'ont sacrifiée

sous prétexte qu'il avait de la fortune et que je n'avais rien, ne fait que me battre du matin au soir ! scélérat, Gueux que tu es. (*Les acteurs témoignent leur indignation : et pendant qu'ils ont la tête tournée elle donne un soufflet à son mari, et jette un cri comme si elle venait de le recevoir.*) Tenez! voyez, il vient encore de me donner un soufflet.

ROBLOT, *se tenant la joue.* Moi! par exemple !

TITI. Je ne l'ai pas vu : mais je l'ai entendu.

TOUS. Moi aussi... je l'ai entendu.

UN SERGENT DE VILLE. Ah ! vous battez les femmes ! suivez-nous à l'instant même à la préfecture, et comme il est tard, vous y coucherez.

MAD. ROBLOT. C'est tout ce que je voulais !

JOKO, *riant.* Encore un qui a le né cassé !

Air : *du vaudeville de Sophie.*

L'ACTEUR.

Pour voir un nouveau mélodrame
Bien attendrissant et bien noir
Je disais hier à ma femme :

Que nous allons pleurer ce soir!
Noublions pas notre mouchoir.
L'acteur cria, fut en délire,
Fit des gestes de forcené,
Pourtant le drame nous fit rire...
Voilà comment on s' casse le né.

ADOLPHE.

Un fat apperçoit une belle
Et sans s'informer seulement,
Si la dame est sage ou cruelle.
Il s'enflamme subitement
Et la suit indiscrètement.
Jusqu'à son logis il l'escorte,
Elle entre : et mon fat étonné,
Sur sa face reçoit la porte...
Voilà comme on s' casse le né.

LE PÈRE JOKO.

Cet Alger que l'on colonise
Et que garderont les Français,
Verra chaque tribu soumise
Par la suite de nos succès,
Venir nous demander la paix.
Sur Mascara, par la victoire
Notre étendard est promené
Les Français fidèl' à la gloire
Aux Bédoins ont cassé le né.

ROBLOT.

Je heurte un Anglais, par mégarde
Il vient me demander raison.
Sur-le-champ je me mets en garde
Mais il crie à la trahison ,
Et dit :

Baragouinant.

« Ça n'est pas de saison.
» Je comprends pas cet' paradoxe :
» Qnand ma honneur est écorné ,
» Por mi venger, monsieur, je boxe,

Il se pose.

» Voilà comme on s' casse le né.

TITI.

Gamin d' Paris ; je suis habile
A tous les jeux de chaq' saison
Et bien souvent les sergens d' ville
Veulent me mettre à la raison :
Mais moi je r'gimb' comme un démon
L'hiver quand j' vois v'nir un novice,
Et qu'sur l' canal j'ai patiné :
J' lui dis : mon fils v'là comm' on glisse.

Il veut faire comm moi, il se lance, il tombe, et
j' lui dis alors...

V'là comme on se casse le né.

MAD. ROBLOT, *au public.*

Air : *Du droit du Seigneur.*

Chantons maintenant la romance ,
En Français exprimons un vœu.
Je vais implorer l'indulgence
Avec un air de Boyeldieu.
Ah ! de mes pas soyez le premier guide.
Ecartez tout fâcheux pronostic ,
Soutenir la beauté timide ,
Ah ! le joli droit du public.

Je vous déclare que je suis horriblement serré dans mon corset, que j'ai horriblement froid et que j'aime mieux monter la garde dix fois que de rester ainsi dix minutes de plus : mais vous pouvez m'applaudir...

Ah ! le joli droit (*bis*) du public.

FIN.

www.ingramcontent.com/pod-product-compliance
Lightning Source LLC
LaVergne TN
LVHW020629180726
843502LV00006B/1938